AF284605

Edgar Brändli

Depression – mein Kampf gegen Giganten

Erlebnisbericht damit Aussenstehende diese heimtückische Krankheit besser verstehen und dadurch die Betroffenen optimaler unterstützen können.

Impressum

Bibliografische Information der Deutschen Nationalbibliothek:
Die Deutsche Nationalbibliothek verzeichnet diese Publikation
in der Deutschen Nationalbibliografie; detaillierte
bibliografische Daten sind im Internet über http://dnb.dnb.de
abrufbar.

Herstellung und Verlag: BoD – Books on Demand,
Norderstedt

ISBN: 978-3-754-304-433

Inhaltsverzeichnis

SINN UND ZWECK DES BUCHES

Ein guter Freund ermutigte mich, dieses Buch zu schreiben. Ich soll doch meine Erfahrungen, wie ich meine verschiedenen Phasen von Depressionen erlebt und durchlitten hatte, niederschreiben. Es könnte Betroffenen eine Hilfe sein. Mir persönlich ist es aber auch ein großes Anliegen, mit meinem Buch Angehörigen zu helfen, um die Betroffenen besser zu verstehen. Oftmals handeln die Angehörigen in guter Absicht, aber ihr positiv gedachtes Handeln wird von den Betroffenen oftmals anders wahrgenommen und sie versinken dadurch noch tiefer in die Depression.

Nun zu meiner Person. Als ich meine erste Depression bekam, war ich 60 Jahre alt. Ich war ein begeisterter Nachfolger Christi und hatte meine geistliche Heimat in einer evangelischen Freikirche gefunden. Jahrelang hatte ich in meinem Glaubensleben Probleme mit dem Vers in Joh.10,27:

»Meine Schafe hören meine Stimme«.

Ich glaube, die Bibel ist Gottes Wort und kann durchaus wörtlich genommen werden. Ich war schon mehr als zehn Jahre in meinem Glaubensleben unterwegs, aber die Stimme Gottes hatte ich niemals gehört. Ich war sehr verzweifelt. Was machte ich falsch? Dann starb mein Onkel. Wir hatten in der Firma sehr viel Arbeit und mein Chef hatte schon mehrfach nachgefragt, wann ich zur Beerdigung gehen müsse. Ich wusste es nicht und war dadurch sehr verzweifelt. Plötzlich sprach eine innere Stimme zu mir:

»Donnerstag, 14 Uhr 30«.

Von da an hörte ich Gottes Stimme und war mit ihm unterwegs. In meinem Beruf als Elektroingenieur war ich sehr erfolgreich. Meine Arbeit machte mir viel Freude und füllte mich voll aus. Hobbys hatte ich kaum. Ich bin ein sehr optimistischer Mensch, humorvoll, zielorientiert und besitze ein sehr analytisches Denken. Ich stand mit beiden Beinen mitten im Leben und wenn mir jemand gesagt hätte, dass ich je an einer Depression leiden würde, hätte ich ihn ausgelacht und gesagt:

»Niemals, denn Gott ist an meiner Seite«.

Doch dann griff die Depression nach mir und es war fürchterlich.

VERSCHIEDENE FRAGEN ZUR DEPRESSION

Im Internet habe ich folgende Definitionen, hinter denen ich vollumfänglich stehen kann, gefunden:

WAS IST EINE DEPRESSION?

Leidet man unter einer Depression, ist die Stimmung meist niedergeschlagen, man erfreut sich nicht mehr an den Dingen des Alltags und hat weniger Antrieb für anliegende Aktivitäten. Phasen niedergedrückter Stimmung, Melancholie und das Gefühl von Traurigkeit sind wahrscheinlich jedem Menschen bekannt.

Einige Betroffenen schildern ihre Gemütslage meist als Verzweiflung, Hoffnungslosigkeit und Apathie. Andere Patienten fühlen sich in depressiven Episoden deprimiert, innerlich leer oder auch gefühllos, unfähig in gewohnter, normaler Weise auf freudige oder bedrückende Ereignisse zu reagieren.

WIE ENTSTEHT EINE DEPRESSION?

Die genauen Ursachen für eine Depression sind weitestgehend unbekannt. Es wird vermutet, dass ein Zusammenspiel verschiedener Faktoren verantwortlich ist. Das sind zum Beispiel genetische Veranlagungen, ein Mangel oder Ungleichgewicht bestimmter Botenstoffe im Gehirn oder belastende Erlebnisse.

IST ES SCHLIMM DEPRESSIV ZU SEIN?

Die schlimmste Auswirkung einer Depression ist die Selbsttötung. 10 bis 15% aller Patienten mit wiederkehrenden schweren depressiven Phasen sterben durch Suizid.

WIE FÜHLEN SICH ANGEHÖRIGE VON DEPRESSIVEN?

Angehörige von Betroffenen sind mit der Erkrankung häufig überfordert, denn der Umgang mit depressiven Menschen kostet viel Kraft und kann die eigene Lebensfreude trüben. Da die Betroffenen nicht sagen können, was mit ihnen los ist und meistens nur irgendwelche Ausreden äußern, ist es sehr schwer, sie zu verstehen, geschweige denn ihnen zu helfen.

MEINE ERSTE DEPRESSION

Ich arbeitete in einem Elektrizitätswerk und war im mittleren Management tätig. Ich war für meine jährliche Qualifikationsbesprechung bei meinen Vorgesetzen und der sagte:

»Edgar, ich bin mit dir sehr zufrieden. Du hast alle vorgegebenen Ziele erreicht und teilweise sogar übertroffen«.

Ein paar Tage später, kam er zu mir ins Büro und sagte:

»Leider muss ich dir mitteilen, dass die Geschäftsleitung beschlossen hat, dass dein Job von einem jüngeren Mitarbeiter ausgeübt werden soll. Wenn der Neue anfängt, wirst du deinen Stuhl räumen und ihm die Führung überlassen«.

Dabei grinste er mich hämisch an. Ich hätte ihn erwürgen können und ich musste mich tierisch zusammenreißen, um ihn nicht sofort ins Jenseits zu befördern. Aber das durfte ich nicht, denn Gott sagte:

»Mein ist die Rache!«

Also überließ ich es wohl oder übel Gott. Dies fiel mir nicht leicht, denn erstens war mir die Vorstellung, dass der liebende Vater auch strafen kann, Aspekt und zweitens hat Gott, meiner Meinung nach, eine ganz andere Zeitrechnung als ich.

Den Job abzutreten an einen Jüngeren. Nicht wegen der Leistung, nur wegen des Alters. Eine Welt brach in mir zusammen. Ich bekam Herzrasen und begann am ganzen Körper zu zittern, wie Espenlaub. Daraufhin packte ich meine sieben Sachen zusammen und ging sofort zum Arzt. Dieser hörte sich meine Geschichte an, machte ein EKG und wies mich mit der Diagnose Burn-out in eine psychiatrische Klinik ein.

In der Klinik gingen die körperlichen Symptome sehr schnell wieder weg. Die Klinik hatte eine straffe Tagesstruktur. Nach dem Frühstück Befindlichkeitsrunde, Physio- und Ergotherapie, Einzel- und Gruppengespräche, malen, werken, turnen und begleitete Spaziergänge. Meine Tage waren ausgelastet.

Die Klinik war auf mehrere Häuser aufgeteilt. In unserem Haus waren wir drei Männer und etwa zehn Frauen. Ich fragte meinen Therapeuten, weshalb es ein solches Missverhältnis hatte. Er erklärte mir:

Ein Mann ist wie eine Kommode. In dieser gäbe es eine Schublade, in welcher eine große Unordnung herrscht. Wir Schweizer sagen dazu, es hätte ein Puff. Ein Mann lebt dann nur noch mit den anderen Schubladen, bei denen Ordnung herrscht. Er denkt nicht mehr an sein Puff, verdrängt es einfach, redet dadurch auch nicht darüber, denn dazu müsste er die Puffschublade wieder öffnen. Erst wenn das Puff so groß wird, dass er es nicht mehr verdrängen kann, hat er ein Problem und sucht sich Hilfe.

Eine Frau hingegen ist wie ein Kleiderschrank. Wenn man die Tür öffnet, sieht man sofort, wenn es in einer Ecke ein Puff hat und deshalb muss die Frau dies sofort bereinigen. Sie muss über ihr Problem sprechen und das mit möglichst Vielen. Je mehr sie ihr Problem mitteilen kann, je kleiner wird es, ganz nach dem Motto:

Geteiltes Leid ist halbes Leid.

Das ist der Grund, weshalb es in der Klinik mehr Frauen als Männer in der Klinik hat.

In meiner Klinik hatten wir jede Woche im Gruppengespräch eine reine Männerrunde. Dabei merkte ich sehr schnell, dass die anderen Zwei in einem wesentlich tieferen Loch steckten, als ich. Sie waren sehr apathisch. Die Tagesstruktur empfanden sie als große Last. Am liebsten hätten sie sich in ihr Schneckenhaus zurückgezogen und vor sich hin geschmollt. Ich hingegen war voller Tatendrang. Damals konnte ich ihre Apathie nicht nachvollziehen, heute weiß ich, wie blockierend es ist, wenn man in seinem tiefsten Innern gefangen ist. Damals hatte ich lange nachgedacht, wie ich den Zwei helfen könnte. Schließlich kam mir der amerikanische Psychologe John Eldrege mit seinem Buch: ›Der entfesselte Mann‹ in den Sinn. Darin beschreibt Eldrege, was Gott für positive Eigenschaften in jeden Mann deponiert hatte. Unsere Vorfahren waren Sammler und Jäger und hatten bei ihren Tätigkeiten viel Glück und Befriedigung empfunden. Ich selber angle leidenschaftlich gern und das große Glücksgefühl, wenn man einen Fisch an der Angel hat, ist unbeschreiblich.

Die Klinik zu verlassen, um angeln zu gehen, konnten wir nicht, aber ein Feuer im nahen gelegenen Wald machen, war möglich. Einen von den Zweien, den ich einfachhalber Jo nenne, konnte ich dafür gewinnen und am späteren Nachmittag machten wir im Wald ein großes Feuer. Jo hatte seine Gitarre mitgenommen. Wir setzten uns ans Feuer und sangen zusammen Lieder. Es war sehr schön und sein Gesicht strahlte vor Glück.

»Schade, dass wir das nicht bei unserem Haus machen können«, schwärmte Jo. Ich lachte verschmitzt, organisierte später eine Feuerschale und von da an entfachte ich beinahe jeden Abend hinterm Haus ein Feuer.

Tja, Brändli - mein Name ist schließlich Programm.

Viele Mitbewohner setzten sich ums Feuer und zusammen sangen wir Lieder.

Die vielen kleinen Glücksmomente zeigten bei Jo bald ihre Wirkung. Er konnte seine Apathie überwinden und machte danach solche Fortschritte, dass er noch vor mir aus der Klinik entlassen werden konnte.

Diese Klinik hatte etwas sehr Spezielles an sich. Ich fühlte mich darin so geborgen, wie in meiner Mutter Schoss. So etwas hatte ich noch nie erlebt, aber wie man die Geborgenheit des Mutterleibs eines Tages verlassen muss, waren auch schon bald meine Tage in der Klinik gezählt. Es fiel mir sehr schwer, von dort wegzugehen.

DER NÄCHSTE SCHLAG

Nach meinen Klinikaufenthalt trat ich meine neue Stelle als Sachbearbeiter in einer anderen Abteilung an. Ich hatte mich mit meiner Degradierung abgefunden, denn ich dachte, besser als arbeitslos. Etwa ein Jahr später bekam ich grosse Bauchschmerzen und ich musste mich am Darm operieren lassen. Es war ein Standardeingriff, aber leider traten nach der Operation Komplikationen auf und ich musste sofort Notfallmäßig nochmals operiert werden. Die Operation dauerte mehrere Stunden und als ich wieder erwachte, hatte ich einen künstlichen Darmausgang. Das allein wäre nicht so schlimm gewesen, aber erstens war das Ding unterhalb meiner Bauchfalte. Dadurch hatte ich keinen direkten Sichtkontakt darauf und konnte deshalb den Schmutzbeutel nicht selber wechseln. Zweitens war dieser Darmausgang nicht dicht und bei jeder Darmförderung ging ein großer Teil daneben. Das war sehr unangenehm, denn da der Kot Körpertemperatur besitzen, spürt man nicht, dass etwas austritt und verteilt die Scheiße in der ganzen Wohnung. Dies ist mehr als nur peinlich und für die Angehörigen ekelerregend.

Die Operationen hatten mich sehr geschwächt und meine Entzündungswerte waren gigantisch hoch. Ich schwebte einige Zeit in Lebensgefahr und musste deshalb mehrere Monate auf der Intensivabteilung verweilen. Als ich das erste Mal mein Bett verlassen konnte, erschrak ich sehr. Ich war so geschwächt, dass ich nicht einmal allein stehen konnte. Selbst mit Hilfe eines Rollators konnte ich maximal fünf Schritte gehen, dann war meine Kraft aufgebraucht.

Ich verstand die Welt nicht mehr. In meiner Jugend war ich eine Sportskanone gewesen und jetzt konnte ich kaum noch fünf Schritte gehen. Ich fiel ins Uferlose und die Depression hatte mich im in ihrem Würgegriff. Jetzt erging es mir wie Jo. Apathie, Verzweiflung und Hoffnungslosigkeit waren meine täglichen Begleiter. Ich zog mich ganz in mein Schneckenhaus zurück und war am liebsten nur noch mit mir allein.

Das Schlimmste in dieser Phase war aber die lähmende Angst. Diese hatte mich dermaßen im Würgegriff, dass ich zu keiner Tätigkeit mehr fähig war. Wie sich diese Angst anfühlt, was das für Auswirkungen hatte und mit welchen Methoden man sie bekämpfen kann, beschreibe ich in einem späteren Kapitel.

Nach dem Aufenthalt im Akutspital wurde ich in eine Reha-Klinik überführt. Da ich nicht mehr gehen konnte, musste ich im Rollstuhl überführt werden. Die Ärzte und das Pflegepersonal waren dort sehr nett, aber sie hatten keine Ahnung, wie man einen Depressiven behandeln muss. Wenn ich etwas falsch machte oder etwas nicht konnte, wurde ich kritisiert. Kritik zu ertragen, auch wenn sie noch so positiv gedacht war, ist aber deprimierend und damit wird man immer tiefer in die Depression getrieben. Anders war das mit den Physio- und Ergotherapeuten. Sie lobten jede Anstrengung und selbst die kleinsten Fortschritte. Das Lob war Balsam für meine Seele.

Zudem erinnerte ich mich, dass Gott einmal zu mir gesagt hatte, er hätte mir ein Kämpferherz gegeben. Daran klammerte ich mich fest und ich trieb meinen Körper vorwärts, selbst dann, wenn er eigentlich nicht mehr konnte. Ich kämpfte wie ein Tiger. Zuerst konnte ich nur ein paar Schritte ohne Gehilfen gehen. Dann waren es hundert Meter; fünfhundert Meter und irgendwann konnte ich alleine einen Kilometer gehen. Als ich aus der Reha entlassen wurde, konnte ich schließlich zwei Kilometer gehen. Meine Physiotherapeutin sagte mir damals, dass ich das erreicht hatte, übertraf ihre kühnsten Vorstellungen.

Wieder zu Hause wusste ich aber, ich muss weiterkämpfen. Ich musste meinen Körper wieder soweit stählern, damit dieser undichte Darmausgang zurückgebaut werden konnte, denn eines war für mich klar, wenn das nicht möglich war, wollte ich nicht mehr weiterleben. Aber mit Gottes Hilfe war mein Kampf schlussendlich erfolgreich und der Darmausgang konnte zurückgebaut werden. Ich war überglücklich. Jetzt musste ich mich nur noch von den erneuten Strapazen dieser Operation erholen und dann konnte mich wieder in meine Arbeit stürzen. Damit dachte ich, meine Depression wieder abgeschüttelt zu können.

DER TIEFE FALL

Ich erholte mich von den Strapazen der Operation sehr gut und begann schnell wieder ins Arbeitsgeschehen mit einem Teilzeitpensum einzusteigen. Das Pensum steigerte ich stetig und schließlich war ich wieder hundert Prozent arbeitsfähig.

Ein paar Tage später kam mein Bereichsleiter zu mir und sagte:

»Wir haben viel zu wenig Leute, die in der Nacht den Bereitschaftsdienst übernehmen können. Deshalb möchte ich, dass du ebenfalls Bereitschaftsdienst machst«.

Ich äußerte meine Bedenken, da ich am Abend starke Medikamente zu mir nahm. Ich hatte Zweifel, unter dem Einfluss dieser Medikamente mitten in der Nacht, alleine - ohne fremde Hilfe, auftretende Störungen erfolgreich beheben zu können. Ich wollte aber nicht grundsätzlich nein sagen und bot ihm an, dass ich sofort mit meinem Arzt diesbezüglich Kontakt aufnehme.

Der Arzt war derselben Meinung wie ich und gab mir ein ärztliches Attest, dass ich keinen Bereitschaftsdienst in der Nacht ausführen könne.

Ich gab das Attest dem Bereichsleiter ab und am anderen Tag wurde ich in sein Büro gebeten. Dort war neben dem Bereichsleiter auch der Geschäftsführer anwesend. Dieser eröffnete mir, da ich keinen Bereitschaftsdienst machen kann, sie mich nicht weiter beschäftigen können. Ich sei per sofort freigestellt. Ich solle meine persönlichen Sachen aus meinem Büro zusammenpacken und dann das Haus für immer verlassen.

Gekündigt!

Weggeworfen wie ein alter Lappen!

Damit hatten sie mir den Boden unter den Füssen weggerissen und ich fiel im freien Fall ins tiefste Loch hinunter. Wie in Trance ging ich in mein Büro zurück und packte meine sieben Sachen zusammen. Der Bereichsleiter wich mir dabei nicht von der Seite. Sie hatten wahrscheinlich große Angst, dass ich als Systemspezialist die Betriebssoftware torpedieren würde. Heute muss ich darüber schmunzeln, denn zu Hause hatte ich einen Fernzugriff auf das System und hätte mit Leichtigkeit die Betriebssoftware sabotieren können. Das habe ich aber nicht getan, denn Sie wissen ja:

»Mein ist die Rache«, spricht der Herr.

DER SCHWARZE HUND

Ich war völlig in meiner Apathie gefangen. Ich konnte nichts, nicht einmal das Kleinste, tun. Alles bereitete mir Angst und lähmte mich. Ich wusste nicht, was mit mir los war und konnte deshalb auch nichts nach außen kommunizieren. Ich war in mir selber gefangen und alles was von draußen an mich herantrat, erhöhte meine Angst.

Es ist sehr schwierig diese lähmende Angst zu beschreiben. Zuerst dachte ich, es ist Angst vor Veränderung. Aber es ist mehr. Ich konnte ja nicht einmal mehr eine Pfeife rauchen und dass hat nichts mit Veränderung zu tun. Winston Churchill, der ebenfalls unter starken Depressionen litt, konnte diese Angst auch nicht exakt beschreiben und nannte sie deshalb einfach schwarzen Hund. Wenn selbst ein Literaturnobelpreisträger diese Angst nicht beschreiben kann, versuche ich es auch nicht weiter und nenne sie ebenfalls schwarzer Hund.

Der schwarze Hund zwang mich, dass ich mich in mein Schneckenhaus zurückzog. Ich konnte keine Briefe öffnen, kein Fernseher, kein Radio und keine Musik hören. Wenn ich Besuch bekam, dann war das für mich ein Gräuel. Einmal hatte mir eine liebe Bekannte einen Blumenstrauß mitgebracht. Einen Blumenstrauß in meiner Wohnung, dass hielt ich nicht aus. Ich habe sie genötigt, den Strauß wieder mitzunehmen.

Heute tut mir das von Herzen leid – Entschuldigung nochmals nachträglich.

Auch schöne Sachen konnte ich nicht tun. Meine Familie plante einen Urlaub in die USA und sie wollten, dass ich auch mitkomme. Der schwarze Hund ließ mich aber nicht und ich erfand tausende Gründe, welche dagegensprachen. Ich windete mich wie ein Wurm - Hauptsache, ich musste nicht mit. Und bitte, verstehen Sie mich recht, Urlaub planen und in den Urlaub verreisen, ist etwas Wunderschönes. Ich liebe es, aber der schwarze Hund war stärker.

Es war sehr schwer für meine Familie, denn das, was ich sagte, waren ja nur Ausreden. Über den wirklichen Grund konnte ich mich nicht äußern. Was sollte ich auch sagen, wenn ich selber ja nicht wusste, was mit mir los war? Ich konnte ja nicht einmal hinausgehen, um eine Pfeife zu rauchen und genüsslich eine Pfeife rauchen ist für mich ein kleiner Himmel auf Erden.

Das Schlimmste aber für mich war, dass ich meinen ganzen Glauben verloren hatte. All die Bibelverse, welche Hoffnung, Vertrauen oder Glauben zusprachen, waren für mich nur noch ein Gräuel. Glauben, dass Gott alles im Griff hat – lächerlich. Ich klagte nicht einmal Gott an, dass ich das alles erleiden musste. Hätte er zu mir geredet, hätte ich das nicht ertragen. Aber Gott war auch dort mit mir gnädig; er ließ mich in Ruhe. Er wusste wie ich mich fühlte und gab mir, was ich brauchte. Was das war, wusste ich aber selber nicht. In meiner Angst konnte ich mich nur noch an den Vers Joh.10,28 klammern:

»Niemand kann dich aus meiner Hand reissen!«

Als meine Gemeindebrüder mich besuchten, rieten sie mir:

- Lese die täglichen Losungen!
- Du musst nur das Johannesevangelium lesen
- Du musst …- Du musst … - Du musst …

Bullshit.

Eines habe ich aus meinem Tief gelernt:
Ich muss gar nichts. Im Vers Joh. 15.5 steht:

»Denn ohne mich könnt ihr nichts tun«.

Ergo hat Gott alles getan, was man tun muss. Man kann mich nicht aus seiner Hand reißen, weil er mich hält und nicht, weil ich mich an ihn klammere. Alles was wir können, verdanken wir Gottes Gnade. Ohne ihn könnten wir nicht einmal auf die Toilette gehen.

Deshalb rate ich Ihnen:

Genießen Sie das, was sie haben und können. Seien Sie Gott dankbar dafür, denn ich sage Ihnen:

Es gibt Leute, die können ohne fremde Hilfe nicht einmal ihre Blase entleeren.

TAGESSTRUKTUR VERSUS SCHWARZER HUND

Ein Ziel der Tagesstruktur ist es, dass der Patient beschäftigt ist und keine Zeit hat, an sein Problem zu denken. Wenn man aber vom schwarzen Hund beherrscht wird, übt diese Struktur einen großen Druck aus. Im Schneckenhaus gefangen, war für mich die Tagesstruktur ein Graus und ich suchte nach Lösungen, um möglichst nichts machen zu müssen. Die einfachste Strategie war, zu lügen. Bei dem täglichen Kontrollgespräch sagte ich einfach, ich hätte es gemacht. Damit war ich den Druck los. Wenn ich sagte, ich hätte es nicht gemacht, weil ich nicht konnte oder keine Lust dazu hatte, kam sofort eine Erwiderung von der

Bezugsperson und das war ein erneuter Druck. Um so viel Druck wie möglich von mir fernzuhalten, log ich, dass sich die Balken bogen. Aber Lügen haben kurze Beine und irgendwann kam die Wahrheit ans Licht. Jetzt war ich ein notorischer Lügner und wurde noch enger und intensiver kontrolliert und überwacht. Der Druck stieg dadurch an und drückte mich noch tiefer in die Depression hinein.

MEIN RETTUNGSANKER

Eines Tages besuchte mich eine Bekannte aus meiner Gemeinde. Sie ist Unternehmerin und hatte eine neue Geschäftsidee. Sie fragte mich, ob ich für diese Idee eine Marktanalyse und einen Business Case erstellen könnte. Ich hätte sie küssen können. Ich hatte eine neue Aufgabe, die mir Freude bereitete und mich forderte. Mit diesem neuen Lebenssinn konnte ich meinen schwarzen Hund ertragen. Ich war mir aber auch gleichzeitig bewusst, dass diese Arbeit nicht ewig anhalten würde. Ich musste mir überlegen, ob es ein Hobby gäbe, dass mich ausfüllen würde und mir Freude bereitet. Nach längerer Suche fand ich diese Erfüllung in der Aquarellmalerei. Weiter bewarb ich mich auf eine Stelle als Nachhilfelehrer. Nachhilfe geben, fordert mich immer wieder aufs Neue heraus. Einem Schüler einen Stoff zu vermitteln, den er nicht mag, weil er darin schwach ist, erfordert einiges. Wenn es mir gelingt, ihm die richtige Motivationsspritze zu verabreichen, dann ist die Stoffvermittlung ein Klacks.

TIPPS FÜR DEN KAMPF

FÜR BEZUGSPERSONEN UND ANGEHÖRIGE

Einen Depressiven zu begleiten, fordert von Ihnen viel Kraft und viel, viel Geduld. Versuchen Sie dem Betroffenen soviel positive Impulse zu geben, wie sie nur können. Mir hatte Lob immer sehr viel geholfen. Loben Sie, auch wenn es nur Kleinigkeiten sind. Beispielsweise:

Das hast du gut gemacht - danke, dass du pünktlich bist - schön, dass du dich rasiert hast, usw.

Wichtig dabei ist, das Lob muss echt sein. Wenn Sie loben und Ihre Körpersprache sagt etwas anderes, ist es kontraproduktiv.

Vermeiden Sie Kritik und möglichst alles, was dem Depressiven sonst noch Druck machen könnte.

Ist der Betroffene ein Mann, empfehle ich Ihnen das Buch von John Eldrege zu lesen. Vielleicht finden Sie darin Vorschläge, mit denen Sie den Betroffenen motivieren könnten. Seien Sie sehr behutsam bei der Formulierung Ihrer Vorschläge.

»Komm, wir gehen in den Wald, um ein Feuer zu machen«, kann Druck erzeugen. Besser wäre:

»Hast du Lust mit mir in den Wald zu gehen, um ein Feuer zu machen.«

Der Ton macht die Musik. Betroffene sind sehr feinfühlig und dünnhäutig.

FÜR BETROFFENE

Sie brauchen positive Impulse, damit Sie Schritt um Schritt aus der Depression aussteigen können. Überlegen Sie sich, was Ihnen Freude bereiten könnte und teilen Sie das Ihrem Umfeld mit. Genießen Sie es, wenn Sie gelobt werden und sei dies auch nur für eine Kleinigkeit. Lob ist etwas sehr Positives und hilft Ihnen den schwarzen Hund zu umarmen.

Wenn Sie ein Mann sind, rate ich Ihnen, gehen Sie in den Wald und machen Sie ein Feuer. Wenn Sie im Wald sind, schreien sie mit Urgewalt allen Frust, Angst und Verzweiflung aus Ihnen heraus.

Sie werden sehen, das ist sehr befreiend.

Leider habe ich keine Erfahrungen, was speziell Frauen helfen könnte.

Wenn Sie verzweifelt sind, weil Sie mit dem schwarzen Hund vieles von früher nicht mehr machen können, grämen Sie sich nicht. Als ich in meiner Apathie gefangen war, konnte ich nicht einmal mehr meine Briefe öffnen. Versuchen Sie nicht gegen den schwarzen Hund anzukämpfen. Sie verlieren dabei nur Ihre Kraft. Klammern Sie sich nur ans Positive. Je mehr Positives Sie erleben, desto weniger hat der schwarze Hund Macht über sie.

Mir hat das Malen dabei sehr geholfen. Es macht mir viel Freude und gibt mir einen inneren Frieden.

Wenn Sie Ihre Depression bezwungen haben, seien Sie sich bewusst, dass Sie weiter anfällig für weitere Depressionen sind. Der schwarze Hund geht nicht mehr weg. Machen Sie weiter möglichst viel Positives und genießen Sie Ihr wiedergewonnenes Leben in vollen Zügen. Wenn Sie Ihren schwarzen Hund umarmen können, dann haben Sie gewonnen.

SCHLUSSGEDANKEN

Ich habe lange nachgedacht, weshalb es Gott zugelassen hat, dass mich mein schwarzer Hund beherrschen konnte. Eine klare Antwort habe ich nicht darauf, aber eines wurde mir klar, nur wer den schwarzen Hund selber erlebt hat, kann anderen Betroffenen wirklich helfen. Nur mit dieser Erfahrung kann man Außenstehende beraten, wie sie sich richtig verhalten können.

Wenn ich nur einer einzigen Person mit meinen Gedanken helfen konnte, dann hat mein schwarzer Hund einen Sinn bekommen. Wenn Sie diese Person sind, würde mich ein kleines Feedback in Form eines Briefchens riesig freuen.

Meine Anschrift lautet: Mettlenstrasse 16,

CH-8217 Wilchingen.

Ich wünsche Ihnen auf Ihrem weiteren Lebensweg viel Glück, Gesundheit und vor allem: Gottes Segen.

Ihr   Edgar Brändli

Ende